BEI GRIN MACHT SIC
WISSEN BEZAHLT

- Wir veröffentlichen Ihre Hausarbeit,
  Bachelor- und Masterarbeit

- Ihr eigenes eBook und Buch -
  weltweit in allen wichtigen Shops

- Verdienen Sie an jedem Verkauf

Jetzt bei www.GRIN.com hochladen
und kostenlos publizieren

Francesco Scilipoti

Entwicklung von Selbstkompetenz in der Pflegeausbildung

Am Beispiel der Bezugspflege

GRIN Verlag

Bibliografische Information der Deutschen Nationalbibliothek:

Die Deutsche Bibliothek verzeichnet diese Publikation in der Deutschen National-bibliografie; detaillierte bibliografische Daten sind im Internet über http://dnb.d-nb.de/ abrufbar.

Impressum:

Copyright © 2014 GRIN Verlag GmbH
Druck und Bindung: Books on Demand GmbH, Norderstedt Germany
ISBN: 978-3-656-76544-8

Dieses Buch bei GRIN:

http://www.grin.com/de/e-book/281944/entwicklung-von-selbstkompetenz-in-der-pflegeausbildung

GRIN - Your knowledge has value

Der GRIN Verlag publiziert seit 1998 wissenschaftliche Arbeiten von Studenten, Hochschullehrern und anderen Akademikern als eBook und gedrucktes Buch. Die Verlagswebsite www.grin.com ist die ideale Plattform zur Veröffentlichung von Hausarbeiten, Abschlussarbeiten, wissenschaftlichen Aufsätzen, Dissertationen und Fachbüchern.

Besuchen Sie uns im Internet:

http://www.grin.com/

http://www.facebook.com/grincom

http://www.twitter.com/grin_com

Hausarbeit

ENTWICKLUNG VON SELBSTKOMPETENZ IN DER
PFLEGEAUSBILDUNG AM BEISPIEL DER BEZUGSPFLEGE

Francesco Scilipoti
01.10.2014 |

Inhaltsverzeichnis   Seite

1. Einleitung   2

2. Berufliche Handlungskompetenz als Ziel der Ausbildung   3

    2.1. Selbstkompetenz in den Sozialwissenschaften   5
    2.2. Verantwortung und Verantwortungsbewusstsein   6
    2.3. Beurteilung/Erfassung von Verantwortungsbewusstsein   7

3. Ziele der Bezugspflege   8

4. Zusammenhang Selbstkompetenz und Bezugspflege   8

5. Heranführen des Schülers an die Bezugspflege   9

    5.1. Verantwortungstransfer in Stufen   10

6. Fazit   16

1. Einleitung

Die steigende Arbeitsbelastung der Pflegkräfte und die stetig, durch neue Erkenntnisse und Forschung, größer werdenden Aufgabenbereiche der Pflegefachkräfte zeigen wie wichtig es ist, sich in der praktischen Ausbildung gezielt und ausführlich mit Dingen wie Verantwortungsbewusstsein, Kritikfähigkeit, Selbstreflektion sowie Normen und Werten zu befassen. Um eine Möglichkeit dieses im Praxisalltag umzusetzen soll es in dieser Arbeit unter anderem gehen. Ich befasse mich im speziellen mit dem Punkt Verantwortungsbewusstsein.

Grund für die Wahl dieser Thematik ist vor allem mein eigenes Interesse an diesem Thema, welches sich in einer Fachweiterbildung zum Praxisanleiter entwickelte. Nach der Unterrichtseinheit berufliche Handlungskompetenz stellte sich mir die Frage, welchen Einfluss ein Praxisanleiter überhaupt auf die Selbstkompetenz hat. In meiner eigenen Ausbildung schien ein Großteil der Praxisanleiter und Mentoren der Meinung gewesen zu sein, dass jemand Dinge wie Verantwortungsbewusstsein oder Kritikfähigkeit entweder hat oder nicht. Auch erlebe ich, dass ein Großteil der Kollegen in der Praxis diese Kompetenzen einfach voraussetzt. Kritik an Schülern wird häufig ungefiltert und mit einem selbstverständlichen Apell zur Selbstreflektion und anschließendem „abstellen" des Fehlverhaltens kommuniziert. Das heißt in diesem Fall es gibt Ärger. Der Glaube durch Sanktionen eine Verhaltensänderung herbeizuführen mag vielleicht im Strafrecht angebracht zu sein, ist aber meiner Meinung nach in der Ausbildung zum Altenpfleger in den meisten Fällen nicht sinnvoll.

Während ich mich mit der Thematik Kompetenz und den dazu existierenden verschiedenen Modellen beschäftigte, merkte ich wie wenig zugängliche Fachliteratur es speziell zum Thema Selbstkompetenz gibt. „Der Begriff „Selbstkompetenz" ersetzt den bisher verwendeten Begriff „Humankompetenz". Er berücksichtigt stärker den spezifischen Bildungsauftrag der Berufsschule und greift die Systematisierung des DQR auf." (Handreichung für die Erarbeitung von Rahmenlehrplänen der Kultusministerkonferenz für den berufsbezogenen Unterricht in der Berufsschule und ihre Abstimmung mit Ausbildungsordnungen des Bundes für anerkannte Ausbildungsberufe. 23. September 2011. S. 15). Auch die Begriffe „Individualkompetenz" und „Persönlichkeitskompetenz" sind bei den Recherchen in diesem Zusammenhang immer wieder gefallen und behandeln im Großen und Ganzen dasselbe Thema.

Sie werden sowohl in der Pädagogik als auch im Management immer wieder als Überbegriff für eine Sammlung von persönlichen Einstellungen, Fähigkeiten und Eigenschaften genommen. Trotzdem ist keiner dieser Begriffe genau definiert oder normiert. (vgl. Jochen Krautz, Fromm Forum 13/2009)

Ich werde in dieser Arbeit zunächst die Begriffe berufliche Handlungskompetenz und Selbstkompetenz anhand von derzeit gängigen Definitionen aus den Sozialwissenschaften beschreiben und ihren Bezug zur Pflegeausbildung darstellen. Dann werde ich den Aspekt Verantwortungsbewusstsein und seine Relevanz in der Ausbildung beleuchten. Im nächsten Teil stelle ich in einer Kurzfassung die Bezugspflege vor und beschreibe den Zusammenhang mit Selbstkompetenz und Verantwortungsbewusstsein. Im Folgenden pädagogischen Teil soll dargestellt werden wie ein Schüler an die Bezugspflege herangeführt werden kann und welche Möglichkeiten der Auswertung und Beurteilung es gibt. Dieses Konzept erprobe ich aktuell in der Praxis und somit werde ich meine Erfahrungen in mein Fazit einfließen lassen.

2. Berufliche Handlungskompetenz als Ziel der Ausbildung

„Ziel der Altenpflegeausbildung ist der Erwerb beruflicher Handlungskompetenz." (Bundesministerium für Familie, Senioren Frauen und Jugend (BMFSFJ) Mai 2010).

Berufliche Handlungskompetenz beschreibt die Fähigkeit und Bereitschaft des Menschen, in beruflichen Situationen sach- und fachgerecht, persönlich durchdacht und in gesellschaftlicher Verantwortung zu handeln, d.h. anstehende Probleme zielorientiert auf der Basis von Wissen, Erfahrungen und Einstellungen sowie durch eigene Ideen selbständig zu lösen, die gefundenen Lösungen zu bewerten und zugleich die eigene Handlungsfähigkeit weiter zu entwickeln. (Comenius-Institut 1997)

Die Kultusministerkonferenz führte in einer Handreichung im Jahre 2011 die Handlungskompetenz als oberstes Bildungsziel ein. Laut KMK teilt sich die Handlungskompetenz zunächst in die Bereiche Fachkompetenz, Selbstkompetenz und Sozialkompetenz.

Fachkompetenz beinhaltet das Wissen und Können welches man sich in seiner beruflichen Laufbahn durch Erfahrung und gezieltem Lernen aneignet um Aufgaben oder Probleme im Berufsalltag selbstständig, zielgerichtet, methodengeleitet und sachgerecht bewältigen zu können. (vgl. KMK, 2011, S. 15)

Selbstkompetenz ist die „Bereitschaft und Fähigkeit, als individuelle Persönlichkeit die Anforderungen und Einschränkungen in Familie, Beruf und öffentlichem Leben zu klären, zu durchdenken und zu beurteilen, eigene Begabungen zu entfalten sowie Lebenspläne zu fassen und fortzuentwickeln." (KMK, 2011, S. 15)

Sozialkompetenz beschreibt die „Bereitschaft und Fähigkeit, soziale Beziehungen zu leben und zu gestalten, Zuwendungen und Spannungen zu erfassen und zu verstehen sowie sich mit anderen rational und verantwortungsbewusst auseinanderzusetzen und zu verständigen." (KMK, 2011, S. 15)

Immanenter Bestandteil dieser Kompetenzen sind laut KMK Methodenkompetenz, kommunikative Kompetenz und Lernkompetenz. Das bedeutet dass diese nachträglich aufgeführten Kompetenzen den „Hauptkompetenzen" anhaften und durch ein Zusammenspiel dieser überhaupt nur entstehen können. Die für berufliche Handlungskompetenz relevanteste ist die Methodenkompetenz.

Methodenkompetenz ist die „Bereitschaft und Fähigkeit zu zielgerichtetem, planmäßigem Vorgehen bei der Bearbeitung von Aufgaben und Problemen (zum Beispiel bei der Planung der Arbeitsschritte)" (KMK, 2011, S. 15)

Die KMK hat diese Definitionen in seiner Handreichung als didaktisches Ziel aller Ausbildungsberufe vorgegeben. Berufliche Handlungskompetenz als Ziel der Altenpflegeausbildung bedeutet also, dass der Schüler speziell diese 4 Kompetenzen hinsichtlich dieses Berufsfeldes erlernt und erweitert um auf jede Situation und Aufgabenstellung in der Pflege adäquat zu reagieren und zu Handeln. Anhand folgender Beispiele will ich die Begriffe für die Pflege noch einmal greifbarer machen.

Fachkompetenz:

- Zielgerichtete Planung und Überprüfung von pflegerischen Handlungen.
- Arbeiten unter Einbeziehung von wissenschaftlichen Erkenntnissen und Pflege(theoretischen) Zusammenhängen
- Fachwissen zur Begründung des eigenen Handelns

Selbstkompetenz:

- Fähigkeit zur Selbstreflexion
- Verantwortungsbewusstsein
- Bewusste Wahrnehmung ethischer Problematiken die sich im Pflegealltag entwickeln können

Sozialkompetenz:

- Aufnehmen von Beziehungen zu Patienten und Kollegen
- Anwenden von gelernten Kommunikationstechniken
- Arbeiten als Teil eines Teams und finden seiner Position darin

Methodenkompetenz:

- Zielorientiert arbeiten
- Vorbereiten, durchführen und nachbereiten von Pflegehandlungen logisch zu planen und durchzuführen
- Setzen von Prioritäten

2.1 Selbstkompetenz in den Sozialwissenschaften

Eine allgemeingültige Definition zu finden ist nahezu unmöglich. Selbstkompetenz kommt in vielen Bereichen der Wissenschaft vor. Jeder dieser Bereiche hat eine für seine Ansprüche passende Definition. Die für mich plausibelste Definition stammt von Lenbert.

„Die Fähigkeiten, reflexiv zu handeln, d.h. sich selbst einzuschätzen, persönliche Einstellungen zu überprüfen, hilfreiche Werthaltungen, Motive und Selbstbilder zu entwickeln, eigenen Begabungen zu erkennen, Motivationen, Leistungsvorsätze zu entfalten und sich z.b. im Rahmen des Studiums, der Arbeit und außerhalb kreativ zu entwickeln und zu lernen" (Lenbert, 2004, S. 224)

Sie beschreibt also oft abstrakte und schwer greifbare Themen, die jedoch zu wichtig sind um sie nicht als Ziel einer Ausbildung zu beschreiben. Schwierigkeiten gibt es bei der Erfassung und Beurteilung von Selbstkompetenz.

Dinge wie zum Beispiel Sorgfalt, Selbstvertrauen und Selbstständigkeit können fluktuieren und sich bei jedem Schüler in anderer Ausprägung darstellen.

2.2 Verantwortung und Verantwortungsbewusstsein

Verantwortung ist auch ein Begriff der nicht genau umrissen ist. Es gibt viele Verantwortlichkeiten. Zum Beispiel gibt es die soziale Verantwortung die aus den Interaktionen mit unserem Umfeld und den Mitmenschen entsteht. So sehen wir es in der Gesellschaft als unsere Verantwortung unsere Mitmenschen zu unterstützen und als Sozialstaat auch unsere Gesellschaft mit beispielsweise Sozialversicherungen gegen Krankheit und Altersarmut zu schützen.

Dann gibt es die religiöse Verantwortung. Sie stellt bei religiösen Menschen ihre Verantwortung vor Gott und der religiösen Gemeinde da.

Verantwortung entsteht also meist nicht aus sich selbst heraus, sondern wird von außen definiert oder in Bezug auf berufliche Handlungskompetenz vom Arbeitgeber „übertragen".

Sie setzt natürlich gewisse Anforderungen an den Verantwortlichen. Nicht jeder der Verantwortung hat, übernimmt sie automatisch. Das kann viele Gründe haben. Etwa wenn jemand die Gründe für seine Verantwortlichkeit nicht kennt, seine Verantwortung nicht akzeptiert oder beispielsweise auch wenn jemand sich seiner Verantwortung nicht bewusst ist. Verantwortungsbewusstsein ist also ein wesentlicher Bestandteil von Verantwortung. Ich glaube dass man hier bewusst eingreifen kann und in einem Prozess die Übernahme von Verantwortung lehren kann.

Dem Schüler kann die Bedeutung einer Aufgabe, wie die Wichtigkeit des sorgfältigen desinfizieren von Nachtschränken und Tischen, gut erklärt werden, indem man ihm die Gefahren bei Verschleppung von pathogenen Keimen verständlich macht. So wird dem Schüler deutlich klar was durch sein Fehlverhalten passieren kann.

Auszubildende machen die meisten Fehler aus Unwissenheit. Wenn man Schüler also sprichwörtlich „ins kalte Wasser schmeißt" und zu wenig anleitet. Ihnen zum Beispiel nicht die Wichtigkeit der Hygiene beibringt. Nicht die Folgen von zu geringer Flüssigkeitszufuhr klar macht oder die Folgen von Unterernährung aufzeigt, dann scheint das für einige Schüler nicht den Stellenwert zu haben den es haben sollte.

Gerade bei sehr jungen Schülern, bei denen neben dem Bildungsauftrag auch noch ein Erziehungsauftrag besteht, ist es umso wichtiger ihnen ihre Verantwortung immer wieder klar zu machen und mit entsprechendem Hintergrund zu belegen.

2.3 Beurteilung/Erfassung von Verantwortungsbewusstsein

Verantwortungsbewusstsein zu erfassen ist sehr schwierig. Wie bei vielen anderen Bereichen der Selbstkompetenz kann man lediglich objektive Ergebnisse erfassen die man mit einer bestimmten Eigenschaft verknüpft.

Bei Verantwortungsbewusstsein ist das naheliegende die Quantität und Qualität der ausgeführten Arbeiten im Verantwortungsbereich. Am Beispiel der Nachttische und Schränke kann ich zunächst quantitativ festhalten ob mein Schüler die vorgegebenen Nachttische und Tische regelmäßig, nach Desinfektionsplan und Gebrauch desinfiziert. Bin ich mir sicher dass mein Schüler dies irgendwann regelmäßig und ohne Aufforderung tut, kann ich davon ausgehen dass er Das Verantwortungsbewusstsein dafür entwickelt hat, zumindest insofern dass er in diesem Verhalten eine Wichtigkeit sieht.

Festzustellen ob er es nur für den Praxisanleiter tut oder sich tatsächlich der Risiken bewusst ist die bei einem Fehlverhalten einhergehen, lässt sich nur bedingt über einen längeren Zeitraum erfassen. Helfen kann hier immer wieder ein „Abfragen" von Fachwissen.

Qualitativ kann ich seine Arbeit schon etwas einfacher überprüfen indem ich mir die desinfizierten Nachttische und Tische anschaue und auf Verunreinigungen Überprüfe. ich kann mir den Ablauf der Desinfektion anschauen und beobachten ob der Schüler zum Beispiel alle Stellen reinigt und die Einwirkzeit beachtet.

3. Ziele der Bezugspflege

Ein zentraler Baustein der Bezugspflege ist „Verantwortung". In unserer Pflegeeinrichtung gibt es einen Standard der das Bezugspflegekonzept genau umschreibt. Ich stelle hier einmal die wesentlichen Bestandteile vor.

Bei der Bezugspflege wird einer Pflegefachkraft eine bestimmte Anzahl an Bewohnern zugeteilt. Die Fachkraft ist dafür zuständig die Bedürfnisse, Wünsche und den Pflegebedarf dieser Bewohner zu ermitteln und daraus eine Pflegeplanung zu erstellen.

Die Fachkraft ist der Ansprechpartner des Bewohners und seiner Angehörigen in allen pflegerisch/medizinischen Belangen. So soll erreicht werden, dass zwischen der Pflegefachkraft und dem Bewohner ein Vertrauensverhältnis entsteht. Bei Fragen zu diesem Bewohner ist die Bezugspflegekraft der erste Ansprechpartner. Sie ist immer auf dem Laufenden und trägt alle wichtigen Informationen die den Bewohner betreffen zusammen.

Die Pflegekraft trägt die Verantwortung für die Aktualität und Vollständigkeit der erfassten Daten und der Pflegeplanung. Sie überwacht den Ist-Zustand der Bewohner und passt die Pflegeplanung bei Bedarf dementsprechend an.

4. Zusammenhang Selbstkompetenz und Bezugspflege

Die Bezugspflege fordert die Selbstkompetenz immens. Um die Bezugspflege richtig auszuführen, ist es zwingend notwendig sich selbst Arbeitsziele zu setzen. Diese beinhalten sorgfältig zu sein, selbständig zu arbeiten, selbstreflektiert zu arbeiten und Bereitschaft diese Verantwortung zu übernehmen.

In der Regel bekommt eine Bezugspflegekraft sieben bis zehn „Bezugspflegen", also Bewohner zugeordnet. Verantwortung für so viele Menschen zu haben, setzt auch eine nicht unbedeutende psychische Leistungsbereitschaft voraus.

5. Heranführen des Schülers an die Bezugspflege

Mein Ziel ist es das Verantwortungsbewusstsein der Schüler für komplexe Aufgabenstellung im pflegerischen Alltag zu wecken bzw. zu fördern. Meine Schüler sollen ihren Aufgabenbereich auf die pflegetheoretische Arbeit ausweiten und Stück für Stück an das Bezugspflegekonzept herangeführt werden.

Der Zeitraum für diesen Anleitungsprozess ist das zweite Lehrjahr. Der Schüler hat zu diesem Zeitpunkt optimaler Weise einen pflegetheoretischen Wissenstand der im Ansatz die Pflegeprozessplanung, die häufigsten Risikofaktoren und sozialwissenschaftliche Werkzeuge wie ein Kommunikationsmodell beinhaltet. Dieser Wissensstand wird im Laufe des Prozesses ausgebaut und es wird versucht neue Erkenntnisse aus dem Unterricht zeitnah mit einzubauen.

Der Schüler sollte zu Beginn dem Wissensstand eines Schülers im zweiten Lehrjahr nach Bildungsplan entsprechen und in der vorhergehenden Ausbildungszeit bewiesen haben dass er eigenverantwortlich Arbeiten kann.

Ich habe als Pflegefachkraft in dieser Pflegeeinrichtung ca. 1 ½ Jahren nach dem Bezugspflegekonzept gearbeitet und kenne mich gut mit dem Dokumentationssystem in der EDV aus. Das Thema liegt mir persönlich Besonders am Herzen weil ich der Meinung bin, dass sich mit einer funktionierenden Bezugspflege eine Menge Zeit und Ärger ersparen lässt.

Mir wurden nach diesem Bezugspflegekonzept 10 Bewohner übertragen. Für den Anleitungsprozess werde ich pro Schüler jeweils einen Bewohner aussuchen und mit seinem Einverständnis dem Schüler zu Beginn des Anleitungsprozesses zuweisen. Idealerweise kennen sich der Bewohner und der Schüler schon und haben eine gute Beziehung zueinander. Der Bewohner sollte mindestens die Pflegestufe 1 und höchstens Pflegestufe 2 haben. Es sollte eine Pflegeplanung vorliegen und mindestens ein Assessment oder eine Erhebung die regelmäßig geführt werden müssen. Der Bewohner benötigt Unterstützung bei der Grundpflege. Der Bewohner sollte idealerweise Medikamente nehmen und eine behandlungspflegerische Maßnahme benötigen (z.B. RR Messung, BZ Messung etc.). Auf jeden Fall soll der Bewohner orientiert und voll Geschäftsfähig sein. Er sollte Bedürfnisse, Wünsche und Probleme äußern können und nichts dagegen haben diese auch dem Schüler zu erzählen. Der Bewohner wird von dem Anleitungsprozess in Kenntnis gesetzt und darauf aufmerksam gemacht dass die Gesamtverantwortung im Zweifelsfall der Praxisanleiter hat.

5.1 Verantwortungstransfer in Stufen

Zu Beginn des Anleitungsprozesses werden 6 Anleitungsstunden dafür verwendet die Bezugspflege dem Schüler darzustellen. In möglichst je 3 zusammenhängenden Stunden und zwei aufeinanderfolgenden Wochen. Es werden zusammen die Inhalte des Standards erarbeitet und dem Schüler wird genau aufgezeigt welche Dinge zur Bezugspflege gehören und was den Schüler auf dem Weg dahin erwartet. Vorweg werden einige grundlegende Dinge geklärt.

- Der Schüler wird ab Ende der sechsten Anleitungsstunde jeden Tag, den er in der Praxis ist, den Bewohner versorgen. Die Beziehung zwischen Bewohner und Schüler soll so gefestigt werden.

- Der Schüler berichtet der Praxisanleitung regelmäßig über Veränderungen des Ist-Zustandes, unabhängig davon welche Aufgaben die Praxisanleitung dem Schüler davor übertragen hat und wie selbstständig der Schüler sie durchführen kann.

- Während der Schulzeit oder Urlaub/Krankheit des Schülers übernimmt die Praxisanleitung die Bezugspflege.

- Es werden keine Änderungen oder Absprachen getroffen ohne die Praxisanleitung zu informieren und dessen Zustimmung einzuholen.

- Behandlungspflegerische Maßnahmen die noch nicht bei einer Anleitung oder während des theoretischen Unterrichtes bearbeitet wurden, werden nur nach einer entsprechenden Anleitung und „Abnahme" durch die Praxisanleitung durchgeführt.

- Ist die Praxisanleitung aufgrund von Krankheit oder Urlaub etc. nicht verfügbar ist der nächste Ansprechpartner die Vertretung bzw. die Co-Bezugspflege.

Anamnese erstellen

Begonnen wird mit der Informationssammlung. Unabhängig davon ob schon eine Informationssammlung besteht, bekommt der Schüler den Auftrag selbständig eine Anamnese zu erstellen. In unserem Haus wird die Pflegeanamnese anhand von den 13 AEDL´s durchgeführt. Da ich Anamnesen schon in der Mitte des ersten Lehrjahres erstellen lasse, sollte der Schüler mit der Vorgehensweise vertraut sein. Wenn Unsicherheit besteht wird sie in diesem Zusammenhang erfragt und wenn möglich durch Auffrischen des Stoffes beseitigt.

Die Aufgabe hat das Ziel dem Schüler Basiswissen über den Bewohner zu verschaffen und ihn den Pflegeprozess von Anfang an durchführen zu lassen. Natürlich wird vom Schüler nicht verlangt gleich eine komplette Bewohner Anamnese zu erstellen. Wir beginnen mit der biografischen Anamnese.

Die biografische Anamnese soll strukturiert und chronologisch erstellt werden. Der Schüler bekommt als Unterstützung den hauseigenen Biografiebogen der ihm während des Gespräches bei der Strukturierung der Daten helfen soll. Der Schüler hat hierfür eine Woche Zeit. Während dieser Woche wird ihm die Gelegenheit gegeben das Gespräch mit dem Bewohner und gegebenenfalls mit den Angehörigen zu suchen. Der Praxisanleiter ist jederzeit ansprechbar solange es seine Dienstzeiten erlauben, die Gespräche führt der Schüler allein durch. Die Praxisanleitung vermittelt dem Schüler, dass die erarbeitete Biografie die aktuelle ersetzen wird und weist auf die Wichtigkeit von Genauigkeit hin. In der darauffolgenden Woche werten Praxisanleitung und Schüler die Biografie aus. Dabei wird Priorität auf folgende Informationen gelegt:

- Geburtsdatum/Geburtsort (Begleitend immer die Historische Biografie)
- Kurzbeschreibung der Familienverhältnisse
- Beschreibung der wohnlichen Bedingungen
- Schulischer und beruflicher Werdegang
- Religiosität
- Gesundheitliche Faktoren aus Sicht des Bewohners
- Besonders prägende Erfahrungen im Leben des Bewohners, positive sowie negative

Wenn die Biografie diese Informationen enthält, trägt der Schüler sie unter Anleitung des Praxisanleiters in das Dokumentationssystem des Hauses ein. In einer Nachbesprechung fragt der Praxisanleiter den Schüler wie er mit der Aufgabenstellung klargekommen ist und ob er sich zutraut im Anleitungsprozess einen Schritt weiter zu gehen.

Medizinische Anamnese und Medikamente

In der nächsten Anleitung werden Diagnosen, Vorerkrankungen und Medikation erfasst. Der Schüler erfährt in welchen Unterlagen er diese Informationen findet. Die Praxisanleitung macht ein Mindmap mit dem Schüler zu dem Thema welche Diagnosen und Vorerkrankungen für den Pflegeprozess relevant sind.

Dann wird der aktuelle Medikationsplan erfasst. Die Medikamente werden den Diagnosen zugeordnet.

Pflegeanamnese/Ist-Zustand

Dem Schüler wird am Ende der Anleitungsstunden zur Auswertung der Biografie und zur Erfassung der medizinischen Daten der Auftrag gegeben in der folgenden Woche den pflegerischen Ist-Zustand des Bewohners gezielt zu beobachten. Besonderes Augenmerk soll dabei auf folgendes gelegt werden:

- Ressourcen des Bewohners, was genau kann der Bewohner alles allein
- Hilfebedarf, wo benötigt der Bewohner Unterstützung und welche Bereiche muss man eventuell ganz übernehmen
- Was für Vorlieben und Gewohnheiten hat der Bewohner bezüglich der Pflege, des Essens und bei anderen Dingen
- Was gibt es für Besonderheiten und Abneigungen

Die Informationen werden ungefiltert aufgeschrieben und wenn möglich jeden Tag ergänzt und vervollständigt. Alle Informationen sind wichtig. Der Schüler kann Beobachtungen während der Grundpflege, Aussagen in Gesprächen, Aussagen von Angehörigen und andere relevant erscheinende Informationen notieren.

In der nächsten Anleitung werden die Informationen zusammen mit dem Praxisanleiter ausgewertet. Anhand der Informationssammlung nach dem Hausstandard werden die Daten den AEDL´s zugeordnet und unter Anleitung in das Dokumentationssystem eingetragen. Meistens ergeben sich während der Auswertung noch viele Informationen die dem Schüler während der Beobachtung nicht aufgefallen sind. Oft brauche ich als Praxisanleiter nur Denkanstöße geben um solche Gedankengänge zu fördern. Der Schüler beginnt ganz selbstständig sich Informationen herzuleiten oder zu kombinieren. Durch das Eintragen in die Dokumentation des Hauses stelle ich fast immer fest dass der Schüler diese Aufgabe sehr ernst nimmt. Es ist oft das erste Mal dass er fast alleine diese, für den Pflegeprozess wichtigen Informationen, sammelt und einträgt. Ich versuche so viel wie möglich „original" zu lassen um dem Schüler ein Erfolgserlebnis zu geben.

Ich gebe ihm als nächstes die Aufgabe die Beobachtungen fortzuführen. Ich übertrage somit erstmals Verantwortung am Pflegeprozess an den Schüler. Seine Aufgabe ist es weiter den Ist-Zustand zu beobachten und die Informationssammlung auf dem neusten Stand zu halten.

Um die Aufgabe zunächst Quantitativ zu überprüfen bekommt der Schüler zusätzlich die Aufgabe mindestens einmal die Woche einen Pflegebericht zu schreiben. Dieser soll enthalten:

- Abweichungen von der Norm oder der aktuellen Maßnahmenplanung
- Informationen aus der Krankenbeobachtung (Hautzustand, etc.)
- Informationen aus denen das Wohlbefinden des Bewohners hervorgeht

Die Formulierung von Pflegeberichten kennt der Schüler bereits aus dem Unterricht und der Praxis.

Diese Aufgabe ist zeitlich erstmal nicht begrenzt. Ich kontrolliere in der Regel ein bis zwei Wochen lang ob die Berichte geschrieben werden und was sie beinhalten. In erster Linie geht es mir darum zu sehen wie ernst der Schüler diese Aufgabe nimmt und welche Probleme er eventuell damit hat eine kontinuierliche Beobachtung durchzuführen. Oftmals haben die Schüler Schwierigkeiten Berichte im Spätdienst zu schreiben. Also fehlt der Bericht in einer Woche mal, doch ich habe bisher noch keinen Schüler gehabt den ich mehr als einmal daran erinnern musste. Ich kann bei den meisten erkennen dass sie sich richtig Gedanken machen weil die Aufgabe für sie Sinn ergibt. Durch mein seltenes Einmischen bekommen die Schüler das Gefühl die Verantwortung für diesen Bereich zu haben. Sie entwickeln Verantwortungsbewusstsein.

Im Laufe der nächsten Wochen und Monate liegen bei den Schülern meistens Termine wie Zwischenprüfung, Praxisübungen und Krankenhauseinsatz an. Die Aufgabe den Ist-Zustand zu beobachten und wöchentlich zu dokumentieren bleibt bestehen. Um den Schüler zu motivieren und ihm die Wichtigkeit dieser Aufgabe klar zu machen werde ich bei der nächsten Evaluation der Pflegeplanung eine Fallbesprechung mit dem Schüler machen. Ich hole mir die neusten Informationen und mache mir Notizen. Ich teile ihm mit welche Pflegeprobleme sich für mich dadurch ergeben oder was sich auf der Basis dieser Informationen im Pflegeprozess ändert.

Assessments

Am Ende der ersten Hälfte des zweiten Ausbildungsjahres geht der Prozess weiter. Dem Schüler werden an einem Anleitungstag die im Haus verwendeten Assessments vorgestellt. Dazu gehören:

- Erhebung von Sturzrisikofaktoren (intrinsisch und extrinsisch)
- Dekubitus Risiko Erfassung nach Braden
- Atemskala nach Bienstein
- Bewegungsanalyse
- Mini-Mental-State-Test
- Schmerzerfassung
- Schmerzerfassung bei Demenz
- Inkontinenzanamnese
- Erhebung des Ernährungszustandes

Sollten einige der Erhebungen noch nicht im Unterricht durchgenommen worden sein machen wir dies evtl. in dieser Anleitungszeit. Wir benutzen in unserem Haus nicht alle Erhebungen pauschal bei jedem Bewohner. Schmerzerfassung zum Beispiel wird nur bei Bewohnern durchgeführt die Schmerzen äußern oder Schmerzmedikamente fest angeordnet bzw. auf BVO bekommen. „Schmerzen bei Demenz" wird dann logischerweise bei zusätzlich Dementiell erkrankten Menschen durchgeführt. Eine Inkontinenzanamnese wird nur bei vorhandener Harn Inkontinenz ausgefüllt um den Versorgungsbedarf zu ermitteln. Risikos die wir also von vornherein und pflegefachlich begründet ausschließen können brauchen nicht regelmäßig erhoben werden bis sie relevant werden. Es gibt auch Erhebungen die wir bei jedem Bewohner regelmäßig führen.

Das sind:

- Erhebung von Sturzrisikofaktoren
- Dekubitus Risiko Erfassung
- Erhebung des Ernährungszustandes
- Bewegungsanalyse

Diese Assessments werden mit dem Schüler vertieft. Zum verdeutlichen wird mit ihm zusammen die Erhebung des Ernährungszustandes durchgeführt. Ihm wird vermittelt dass diese Assessments alle 90 Tage überprüft werden müssen. Die Aufgabe der nächsten drei Wochen ist es die restlichen drei Assessments zu führen. Der Schüler darf sich aussuchen mit welchem er beginnt. Er bekommt dieses Assessment dann auf Papier und kann es dann in Ruhe ausfüllen. Nach jeder Woche wird die erarbeitete Erhebung ausgewertet und in die Pflegedokumentation übertragen. Der Schüler hat ab sofort die Aufgabe diese Assessments selbstständig weiterzuführen. Die Kontinuität wird von mir überprüft.

Pflegeprozessplanung

Etwa in der Mitte oder am Ende des zweiten Lehrjahres wird je nach Lernstand des Schülers damit begonnen ihn an die Pflegeplanung in unserem Dokumentationssystem heranzuführen. Anhand der Daten die der Schüler kontinuierlich erfasst hat ist er jetzt sozusagen der Fachmann für den Bewohner. Er hat zu der Zeit das Erfassen und Formulieren von Ressourcen, Problemen, Zielen und Maßnahmen in der Schule gehabt und kennt die Vorgehensweise.

In unserem Dokumentationssystem kann man aus der Pflegeanamnese heraus eine Pflegeplanung schreiben. Die Anamnese ist nach den 13 AEDL's gegliedert. Das heißt ich habe pro AEDL einen Karteireiter. Auf diesen Karteireitern Sind alle Informationen die man erfasst hat entweder im Ankreuzverfahren oder verschriftlicht verfügbar. Man kann direkt aus der Seite heraus die Pflegeplanung öffnen und zu der ausgewählten AEDL ein Problem formulieren. Diese Vorgehensweise halte ich für sinnvoll weil sie einem hilft Methodisch vorzugehen.

Dem Schüler wird die Aufgabe gestellt sich in den folgenden drei Wochen Gedanken über vordergründige Pflegeprobleme machen und sie aufschreiben. Als nächstes soll er Ressourcen zu den Problemen beschreiben. Nach diesen drei Wochen lässt sich der Praxisanleiter die Probleme vorlegen. Zusammen erarbeiten Schüler und Praxisanleiter Formulierungen und legen Ziele und Maßnahmen fest.

Es folgt die Einweisung in das Pflegeplanungsmodul unseres Dokumentationssystems. Es wird eine komplett neue Pflegeplanung erstellt. Die erste AEDL formulieren Schüler und Praxisanleiter zusammen. Der Schüler hat dafür zwei Wochen Zeit und kann jederzeit beim Praxisanleiter Rat einholen. Das Ziel ist es die neue Pflegeplanung bei Fertigstellung als verbindlich zu übernehmen und dem Schüler mit Abschluss dieses Anleitungsprozesses symbolisch die Verantwortung zu übertragen. Das geschieht indem ich ihn als Bezugspflegekraft im System erkennbar mache. Natürlich geschieht dies weiterhin unter meiner Beobachtung aber ich halte mich wen möglich zurück.

Am Ende dieses Prozesses führe ich mit dem Schüler ein Abschlussgespräch. Ich teile ihm meine Beobachtungen mit und lobe ihn für gute Leistung. Bei Bedarf führe ich ihm auch vor Augen was durch Nachlässigkeit versäumt wurde. Ich mache dem Schüler bewusst dass er nun komplett die Verantwortung für den Pflegeprozess übernimmt und damit Maßgeblich auf den Alltag des Bewohners einwirken kann.

6 Fazit

Bei der Erarbeitung dieses Konzeptes habe ich mich im Prinzip an den Standard Bezugspflege unseres Hauses gehalten. Ich habe jedoch versucht die Aufgaben der Pflegefachkraft und die Ziele der Bezugspflege auf Anleitungen in einen relativ großen Zeitraum im zweiten Lehrjahr zu verteilen. Das zweite Lehrjahr ist für mich der richtige Zeitraum weil ich im dritten Lehrjahr meine Aufgaben unter anderem darin sehen dem Schüler die Möglichkeit zu geben Dinge wie Pflegedokumentation zu üben und immer mehr Verantwortung im pflegerischen Alltag zu übernehmen. Der theoretische Hintergrund der Bezugspflege sollte dann schon geklärt sein. Ich möchte höchstens noch an den Feinheiten feilen. Durch die Abstände zwischen den Anleitungen und den Aufgabenstellungen möchte ich den Schüler schonend an seinen neuen Aufgabenbereich heranführen und gleichzeitig die Möglichkeit haben die Ergebnisse über einen längeren Zeitraum quantitativ und qualitativ zu erfassen und Auszuwerten. Ergebnisse der Auswertung teile ich dem Schüler in den folgenden Anleitungen mit.

Durch dieses „mäßige" Tempo und den Start jeder Aufgabe durch vormachen bzw. zusammenarbeiten mit dem Praxisanleiter habe ich das Gefühl dem Schüler ausreichend Zeit zu geben diese Aufgabe auszufüllen.

Durch die Zusammenarbeit mit verschiedenen Schulen kommt es leider häufig zu unterschiedlichen Lernständen beim Thema theoriegeleitete Pflege. Oft dauert das Vorstellen von Assessments oder das Erheben eines Ist-Zustandes länger als ich dafür einplane. Auch merke ich deutlich dass Pflegeplanung schreiben für die meisten Schüler ein schwer greifbares Phänomen sind und die Art im Pflegeprozess zu denken einer Umstellung bedarf. Gerade bei Formulierungen kommen die Schüler oft zu mir und Fragen mich ob sie das so schreiben können. Auch ob ein gewisses Problem für eine Pflegeplanung relevant ist steht oft im Raum.

Alles in einem ist dieser Anleitungsprozess natürlich größer als ich es in diesen 15 Seiten darstellen kann. Aber für die Relevanz von Verantwortungsbewusstsein halte ich ihn weiterhin für ein sehr gutes Beispiel. Der Verantwortungsbereich einer Pflegefachkraft kann nicht größer sein als im Bereich der Bezugspflege und einen Schüler darauf vorzubereiten sollte ein wesentlicher Bestandteil der Praxisanleitung sein.

Literaturverzeichnis

Berufliche Handlungskompetenz und ihre didaktische Implikation, Comenius-Institut, Handbuch Religionsunterricht an berufsbildenden Schulen, S. 69

Bildung als Anpassung? Das Kompetenz-Konzept im Kontext einer ökonomisierten Bildung, Artikel von Jochen Krautz im Fromm Forum Ausgabe 13/2009, S. 87

Die Praktische Altenpflegeausbildung, Broschüre des Bundesministeriums für Familie, Senioren, Frauen und Jugend, Mai 2010

Handreichung für die Erarbeitung von Rahmenlehrplänen der Kultusministerkonferenz für den berufsbezogenen Unterricht in der Berufsschule und ihre Abstimmung mit Ausbildungsordnungen des Bundes für anerkannte Ausbildungsberufe. 23. September 2011.

Pilotprojekt „Integrierte Schlüsselkompetenzen (ISK)", Universität Hannover, Zitat Lenbert 2004

Lightning Source UK Ltd.
Milton Keynes UK
UKHW010629030519
342063UK00001B/424/P

9 783656 765448